DORAEMON
A cat-shaped robot born on September 3rd, 2112. He traveled back in a time machine from the 22nd century to watch over Nobita. He can pull all sorts of secret gadgets out of the "4D (Fourth Dimensional) Pocket" on his tummy whenever Nobita needs them to get himself out of trouble.

原作 藤子・F・不二雄
英文解説 カン・アンドリュー・ハシモト

Introduction
はじめに

　英語の映画やドラマを見ることは英会話の上達に有効だと言われています。映画やドラマはセリフがどんな場面で使われ、どんな表情で発せられるものなのかを具体的に見せてくれるからです。

　実はこれ、まんがも同じです。ドラえもんがのび太に、のび太がしずちゃんに「どんな場面で」「どんな表情で」セリフを言っているのか、ストーリーのなかですべて表現されているのです。これらを使ってさまざまな英語の表現を学ぼうというのがこの本のねらいです。

　通常、まんがに音声はついていませんが、本書はネイティブスピーカーの声優たちの演技によって、すべてのセリフが音声で聞けるようになっています。日本語と英語のセリフは1文1文、目で見て確認できます。登場人物は主に小学生ですが、使われる言い回しは年齢を問わず日常生活でよく使われるものばかりです。学校で習ったものもたくさん出てくるはずです。まんがを読みながら音声を確認しているうちに、マネして使ってみたくなる表現がきっといくつも見つかると思います。そんなときはのび太になって、ドラえもんになって、ぜひそのセリフを口にしてみてください。

　使われる場面や話す人の表情とともにその英語の表現にふれることは、英語を知識ではなく実際に使える道具にしてくれます。この本を手にとってくださった皆さんに、英語のセリフを口にしながら英語を話す楽しさを感じていただければ、これほど幸せなことはありません。

カン・アンドリュー・ハシモト

本書の英語訳について

　現代アメリカの自然な英会話や英語の表現に基づいています。日本語のセリフを正確に英語に訳そうとすると、ネイティブスピーカーが使わないような不自然な英語になってしまうことがあるため、本書では3つのポイントで英語に訳しています。

ポイント ①
日本語のセリフにある言葉でも、絵で伝わることは省略して英語に訳しています。

ポイント ②
日本語のセリフに人の名前が入っていても、会話を通してだれについて話しているかが明確なときには名前ではなく、**he, she, you** などで訳しています。

ポイント ③
日本語のセリフには含まれていなくても、実際の会話では人に呼びかけるのが自然な場面では、**"Mom, ～"** などの言葉を足して英語に訳しています。

Characters
主な登場人物

Doraemon
ドラえもん

A cat-shaped robot born on September 3rd, 2112. He traveled back in a time machine from the 22nd century to watch over Nobita. He can pull all sorts of secret gadgets out of the "4D (Fourth Dimensional) Pocket" on his tummy whenever Nobita needs them to get himself out of trouble.

2112年9月3日生まれのネコ型ロボット。22世紀の未来からタイムマシンにのって、のび太を助けにやってきた。おなかの四次元ポケットから、便利なひみつ道具をいろいろ出して、のび太のピンチを救ってくれる。

Nobita
のび太
(野比のび太)

Sometimes clumsy but truth is he's a warm-hearted elementary school boy who loves nature.

ドジでなまけものだけど、自然を大切にする心のやさしい小学生。

Gian
ジャイアン
(剛田武)

A typical schoolyard bully. His dream is to be a singer but his singing is terrible.

暴れん坊のガキ大将。将来の夢は歌手になることだけど、すごくオンチ。

Shizuka
しずちゃん
(源静香)

A cute and dependable girl. Nobita has a crush on her.

かわいくて、しっかりものの女の子。のび太が好意を寄せている。

Suneo
スネ夫
(骨川スネ夫)

A rich boy who likes to show off his stuff.

自慢ばかりしているお金持ちのおぼっちゃま。

Guide to the Book
この本の読み方

① コミックス

まんが『ドラえもん』に合わせ、コマとふきだしは右から左へと読んでください。

日本語

まんが『ドラえもん』のセリフがそのまま入っています。

英語

まんがのセリフを英訳しています。

効果音など

驚きの声や効果音は絵としてあつかっていますので、日本語のままコマの中に残し、英語での表現をコマの外に載せています。

ひみつ道具

ドラえもんのひみつ道具は、日本語では「」（かぎかっこ）をつけています。
英語では" "（クォーテーションマーク）をつけています。

② 英語ワンポイントレッスン

覚えたい英語
すぐに役立つ英語の表現をまんがから抜き出しています。

解説
文法用語はできるだけ使わずに、英語の意味や使い方について説明しています。

関連表現
覚えたい英語の表現、派生する言い方、使い分けなどを紹介しています。

Words & Phrases
中学生以上で学習する少しむずかしい単語、会話で使う表現、決まり文句などを集めました。

コミックスの英語の補足解説
英語ならではの訳し方について解説しています。

Lesson 4

⑩ **Enjoy!**
いってらっしゃ〜い。

解説 がけを登るような危険な山登りに出かけるパパに、ドラえもんたちは **Enjoy!** と声をかけています。「楽しんでね」という意味ですが、登校する子どもに家族が言う言葉でもあります。シールを貼って安全だとわかっているので **Enjoy!** で送り出していますが、危険な場所に出かける家族には **Be careful.**（気をつけて）を使います。

「いってらっしゃい」の表現いろいろ

⑪ **Have a blast!**
思い切り楽しんできて！
＊**blast** は「とても楽しい時間」のこと。

⑫ **Have a good day.**
いい1日を。

⑬ **Get home safe.**
気をつけて帰るんだぞ。

⑭ **Be careful.**
気をつけてね。

⑮ **Stay safe.**
気をつけてね。

⑯ **See you!**
じゃあね！
＊別れのあいさつですが、相手を送り出すときにも使います。

Words & Phrases
day off：休日　athletic：スポーツが得意な　superstition：迷信　prove：証明する
stack：(書類などを積み重ねた)山　the other day：先日　strand：立ち往生させる

P87の1コマ目 Eat this! / Eat it! は「これでも食らえ」という意味です。日本語とまったく同じ使い方をする表現です。

---

③ 英語音声

聞いてみよう

二次元バーコードから音声サイトにアクセスしてください。下記URLからもアクセスできます。
https://sgk.me/eigodora6

＊音声には、臨場感を味わうためにセリフ以外に笑い声などが入っている場面があります。

コミックス
それぞれのまんがは1話ずつ〈通して聞く〉〈セリフごとに聞く〉を選ぶことができます。

英語ワンポイントレッスン
①などの番号がついている英語の音声を聞くことができます。

Contents
目次

Lion Kamen's in a Jam — 7
あやうし！ライオン仮面

The Do-It Drops — 23
ソーナルじょう

A World without Mirrors — 41
かがみのない世界

Jaiko, the Cartoonist — 54
まんが家ジャイ子先生

The Mitamama Beret Makes You an Artist — 69
みたままベレーで天才画家

The Safety Charm Sticker — 81
ききめ一番やくよけシール

A Feast for the Eyes — 92
目は口ほどに物を食べ

The Ultra-Eraser — 106
万能クリーナー

What Are You Two Doing? — 120
ふたりっきりでなにしてる？

The Place-Trader Gun — 133
人の身になるタチバガン

True Hunger — 144
腹ぺこのつらさ知ってるかい

Canned Seasons — 156
季節カンヅメ

The Give-It-Your-All Gum — 166
シャラガム

The Caring Robot — 180
いたわりロボット

英語ワンポイントレッスン ▶ 各まんがのあとに解説ページがあります。

ROAR

To be continued in October

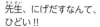

SCREECH

英語ワンポイントレッスン

あやうし！ ライオン仮面／Lion Kamen's in a Jam

Lesson 1

❶ **He has to have this all planned out.**

きっと、うまい手を考えてあるんだよ。

解説 have (has) to は「きっと～に違いない」という意味です。それに続く have は「～してもらう」、this all は「これを全部」、plan out は「計画する」で、「彼（ライオン仮面）はこれ（ピンチの状況）を全部、計画してもらっているに違いない」という意味になります。have を使った「～してもらう（～される）」の言い方を下で確認しましょう。

have（～してもらう／～される）の表現

かみを切ってもらう

❷ **I had my hair cut.**
わたしは、かみを切ってもらった。

＊I cut my hair. は、「自分でかみを切った」という意味になります。

修理してもらう

❸ **I had my bicycle fixed.**
ぼくは自転車を修理してもらった。

＊I fixed my bicycle. は、「自分で自転車を修理した」という意味になります。

ぬすまれる

❹ **I had my wallet stolen.**
ぼくは財布をぬすまれた。

＊Someone stole my wallet.（だれかが、ぼくの財布をぬすんだ。）と言うこともできます。

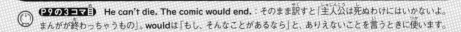

P9の3コマ目 He can't die. The comic would end. : そのまま訳すと「主人公は死ぬわけにはいかないよ。まんがが終わっちゃうもの」。would は「もし、そんなことがあるなら」と、ありえないことを言うときに使います。

Lesson 2 ⑤ You gave me a kick in the back.
あのとき、きみがせきたてたからだ。

解説 gave me a kick in the back はそのまま訳すと「ぼくの背中にけりを入れた」ですが、give（人）a kick in the back は「〜を急かす」という意味の決まり文句です。「〜の背中を押す」「〜に勇気を与える」という意味で使うこともあります。

\ 似ている表現 /

⑥ **I kicked the boy in the bottom.**
ぼくは、その子を急かしたんだ。

＊そのまま訳すと「ぼくは、その子のおしりをけった」。

⑦ **Our teacher put a bomb under us.**
先生は、ぼくたちを急かした。

＊そのまま訳すと「先生は、ぼくたちの下に爆弾を置いた」。

Lesson 3 ⑧ Now I'm getting kicked out.
ちょうど、追い出されたところだ。

解説 kick out は「追い出す」で、I'm kicked out. は「追い出される」（追い出されてしまっている状態）をあらわします。一方、get kicked out になると、「追い出されていない状態から追い出された状態への変化（＝動作）」をあらわします。まんがでは、ちょうど店を追い出されているところなので get kicked out がふさわしいです。

こんなふうに使うよ

⑨ **My phone is broken.**
ぼくの電話は、こわれている。

＊「こわれている」という状態。

⑩ **My phone got broken.**
ぼくの電話が、こわされちゃったんだ。

＊「こわされた」という変化。got は get の過去の形。

あやうし！ライオン仮面

P10の7コマ目 Good question.：「それはぼくも聞きたいことだよ」と言いたいとき、英語では Good question.（いい質問だ）という言い方をします。

英語ワンポイントレッスン

ストーリー展開で使われる英語

まんがや映画、ドラマなどのあらすじについて話すときに使える英語を紹介します。

cliffhanger = 続きが気になる終わり方

⑪ This drama ended on a **cliffhanger**.
このドラマは続きが気になる終わり方だった。

twist = どんでん返し

⑫ There's a further **twist** to the story.
この物語にはまだどんでん返しがあるよ。

---

tear-jerker = お涙ちょうだいもの

⑬ The movie was a **tear-jerker**.
その映画はお涙ちょうだいものだった。

*tear は「涙」、jerk は「ぐいっと動かす」という意味。

nail-biting = ハラハラドキドキの

⑭ That was a **nail-biting** ending.
ハラハラドキドキのエンディングだったわ。

*nail は「つめ」、bite は「かむ」という意味。

---

spoiler = ネタバレ

⑮ This review contains **spoilers**.
このレビューにはネタバレが書かれている。

fix = ピンチ

⑯ Lion Kamen is in a fine **fix**.
ライオン仮面が大ピンチだ。

Lion Kamen's in a Jam

Words & Phrases

jam：困難　way out：出口　suspense：はらはらすること　make it：切り抜ける
in deep trouble：大ピンチで　in person：じかに、本人が直接　writer's block：アイディアに行き詰まること
in advance：前もって　mean：意地の悪い、けちな　I mean…：つまり…　turn out：結局〜となる
take over：引き継ぐ　clear：すっきりさせる　deadline：締め切り　copy：(同じ本などの)1部、1冊
run into 〜：〜に出くわす　hang back：ためらう　a bit：ちょっと　mess up：ぐちゃぐちゃにする
storyline：(物語の)筋書き　irresponsible：無責任な　yell：さけぶ　weird：風変わりな　straight：きちんと

P15の8コマ目　That should do it.：that はもう1人のドラえもんに会わないためにしばらく待っている時間のこと。do は「とりあえず用が足りる」。「これだけ待てばもうだいじょうぶだろう」という意味です。

ソーナルじょう
The Do-It Drops

沖へいってみよう。

Let's go swim in the ocean.

It gets deeper here.

だんだん、
深くなってきたぞ。

人魚じゃない！
金魚だよ！

人魚がいるよ。

Not a mermaid. It's a goldfish.

It's a mermaid.

Aaah!

あ……あ。
ああ……。

英語ワンポイントレッスン
ソーナルじょう／The Do-It Drops

Lesson 1

① Pay up, boys.
さあ、10円ずついただきましょうか。

解説 pay は「支払う」ですが、pay up になると「（借金や未払金を）すべて返す」「しぶしぶ借金を返す」という意味になります。ここでスネ夫は「さあ、きっちり払ってよね」と、少し大げさに言っているのです。pay の他にも後ろに up をつけることで「しっかりと」「徹底的に」という意味が加わる表現があります。下で確認しましょう。

Hee-hee.
Pay up, boys.

upを使った表現いろいろ

② I cleaned up the room.
部屋をきれいに、そうじしたよ。

＊clean（そうじする）よりも、「きれいに（しっかりと）そうじする」という意味合いです。

③ Let's eat up all the dishes.
さあ、料理を食べつくそうぜ。

＊eat up で「食べつくす」。

④ Gian beat me up.
ジャイアンがぼくをボコボコにしたんだ。

＊beat は「たたく」、beat up は「たたきのめす」。

⑤ Will you warm up this tea?
このお茶を温めてくれない？

＊warm up には「温める」の他、「温め直す」という意味もあります。

P26の9コマ目 ～ just how you want to do it. :「きみが（= you）どのように（= how）それをやりたいのか（= want to do it）その通りに（= just）」。つまり「きみが望むそのままに」という意味になります。

英語ワンポイントレッスン

Lesson 2

That doesn't make any sense.
それじゃ、いつまでたっても泳げない。

解説 make sense は「納得のいく」「筋が通っている」で、not make any sense で「まったく納得できない」「筋が通らない」になります。ドラえもんは、「プールで練習するのは泳げるようになってから」と言うのび太に、That doesn't make any sense.（訳がわからない）→「それじゃ、いつまでたっても泳げないよ」と言っています。

こんなふうに使うよ

Does it <u>make sense</u>?
意味わかる？

It all <u>makes sense</u> now.
ああ、そういうことだったのか。

Lesson 3

You're just knee-deep in water.
水は、ひざまでしかないよ。

解説 knee は「ひざ」、knee-deep で「ひざの深さの」。そのまま訳すと「きみはひざの深さだけ水の中にいる」となり、「ひざまでの深さしかないよ」という意味になります。また、足首を使って ankle-deep（足首の深さの）という表現もあります。深さは as deep as 〜（〜の深さ）であらわすこともできます。次のページで確認しましょう。

P34の2コマ目 Get back in there.：日本語の「よし、しごいてやる」を、「海の中（there＝そこ）に戻れ（＝get back）」という意味の英語で訳しています。

38

深さの表現いろいろ

水の深さのあらわし方

⑩ **How deep** is this pool?
このプールの深さは、どれくらい?

⑪ It's **90 centimeters deep**.
深さは90センチだよ。

⑫ The water is **as deep as my knee**.
ぼくのひざの深さだよ。

⑬ I **can reach** the bottom.
足がつく。

⑭ I **can't reach** the bottom.
足がつかないよ。

P34の4コマ目 You'll get the hang of it.：hang は「コツ」、get the hang of ~ で「~のコツをつかむ」です。learn the knack、get the swing of ~、get tips on ~ なども同じ意味で使います。

英語ワンポイントレッスン

Lesson 4

⑮ **There are so many fish.**
いろんなさかながいるね。

解説 英語は数にとても敏感な言語です。2つ以上のものは、単語に **s** がついたり（例：**shoe → shoes**）、形が変わったりします（例：**foot → feet**）。一方、2つ以上でも形が変わらないものもあり、**fish** はその1つです。他にも **deer**（シカ）や **salmon**（サケ）など、群れる動物や魚があげられます。また、群れの言い方も動物によってさまざまです。下で見てみましょう。

動物の「群れ」の言い方いろいろ

⑯ **A school of** fish is swimming.
魚の群れが泳いでいるよ。

| <u>a pride of</u> **lions** ライオンの群れ | <u>a herd of</u> **elephants** ゾウの群れ | <u>a flock of</u> **sheep** ヒツジの群れ | <u>a cluster of</u> **butterflies** チョウの群れ |

＊**fish** と **sheep** は、複数になっても、1体のときと同じ形です。

Words & Phrases
cheater：人をだます人　**Forget about it.**：もういいよ、気にしないで。　**work**：（薬が）効く
kiddie：子ども　**That was close.**：危なかったな。　**wear off**：消える　**just in time**：ちょうど間に合って
scuba gear：スキューバダイビングの装備

The Do-It Drops

40

かがみのない世界

A World without Mirrors

英語ワンポイントレッスン
かがみのない世界／A World without Mirrors

聞いて
みよう

Lesson 1 ❶ I feel down.
いやになっちゃう。

解説 down は「下に」「下へ」の意味の他、「(気持ちが)落ち込んで」「元気がなくて」という意味もあります。**I feel down.** で「気分が落ち込んじゃう」という意味です。**You look a little down.**（なんだか元気ないね）や、**I've been down lately.**（最近、落ち込んでいる）のように使います。反対に気分がいいときは **I feel good.** です。**I feel up.** とは言いません。

I feel down.

Lesson 2 ❷ What's with your face?!
なんだその顔は!!

解説 **What's with 〜 ?** は「〜はいったいどうしたの？」「〜ってどういうこと？」と、目の前で起こったことが理解できずに驚いたり、その理由をたずねたりするときに使う表現です。**What's with you?**（きみ、いったいどうしたんだ？）のように使います。**with** のあとに人を続けるときは、人を責めるようなニュアンスを含むので注意しましょう。

What's with your face?!

What's with yours?!

こんなふうに使うよ

❸ **What's with** you?
お前いったいどうしちゃったんだよ。

❹ **What's with** the heat?
この暑さって、いったいなに？

P43の3コマ目 There we go.：やるべきことができたときの決まり文句です。「もしもボックス」に鏡がない世界を命じたあとに、「これでOK」という意味でのび太は言っています。

英語ワンポイントレッスン

Lesson 3

❺ **Someone must have taken it.**
だれがもってったんだろ。

解説 must have taken は「だれかが持っていったに違いない」。must have 〜 で「〜だったに違いない」と、過去に起こったことを推測する表現になります。他にも would have 〜（〜するはずだった）、could have 〜（〜できたはず）、should have 〜（〜するべきだった）がありますが、これら3つは「実際はそうじゃなかったけれど、そうだったらよかったのに」という意味で使われます。

過去の推測や後悔などをあらわす言い方

must have 〜
〜だったに違いない
（過去の強い推測）

❻ You **must have** been busy.
きみは、いそがしかったに違いない。

would have 〜
〜するはずだった
（想像上の過去の話）

❼ I **would have** gone to your birthday party.
あなたの誕生日会に行くはずだったの。

could have 〜
〜できたはず
（過去の可能性）

❽ I **could have** passed the exam.
試験に合格できたはずだった。

should have 〜
〜するべきだった
（過去の後悔）

❾ I **should have** studied more.
もっと勉強しておくべきだった。

P44の2コマ目 I hope I got them all.：英語の意味は、「そり残し（= them）は、すべて（= all）そった（= got）よね（= I hope）」です。

顔の部位の英語

目、鼻、口などよく使われる語から、意外と言えない部位まで見てみましょう。

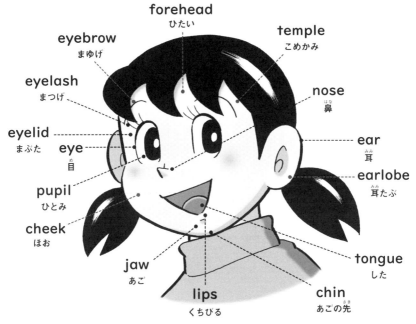

- forehead ひたい
- eyebrow まゆげ
- eyelash まつげ
- eyelid まぶた
- eye 目
- pupil ひとみ
- cheek ほお
- jaw あご
- lips くちびる
- temple こめかみ
- nose 鼻
- ear 耳
- earlobe 耳たぶ
- tongue した
- chin あごの先

eye bag	涙ぶくろ	spot	しみ、吹き出物
dimple	えくぼ	sag	たるみ
wrinkle	しわ	pore	毛穴

顔の部位を使った表現

⑩ I'm all **ears**.
ちゃんと聞いているよ。

⑪ Watch your **tongue**.
口のきき方に気をつけて。

Words & Phrases

shave：ひげをそること　taut：引き締まった　punk：小僧（くだけた言い方）　jerk：まぬけ（くだけた言い方）
Hang on.：ちょっと待って。　kidnapper：ゆうかい犯　No wonder ～.：～ということは不思議ではない。
stick to：守り通す

P48の2コマ目　But he looks more like a weasel.：fox（キツネ）には「ずるがしこい」の他に「美人」という意味があります。一方 weasel（イタチ）は「ずるい人」という意味だけなので、ここでは weasel を使っています。

かがみのない世界

まんが家ジャイ子先生

Jaiko, the Cartoonist

聞いてみよう

Licky Sticky Gooey Candy　　　　**Mochi Stories**

Sunny in the Land of the Rising Sun　　　Kristine Goda

英語ワンポイントレッスン
まんが家ジャイ子先生／Jaiko, the Cartoonist

聞いて
みよう

Lesson 1
❶ **I'm with you.**
お兄ちゃんがついてるぞ。

解説 I'm with you. には3つの意味があります。1つ目は文字通り、「きみといっしょにいるよ」。物理的に、または精神的に「となりにいる」「そばにいる」という意味です。2つ目は「きみを応援している」、「きみの味方だ」。3つ目は「きみの意見に賛成だ」です。このジャイアンのセリフは2つ目の意味で、苦しい状況にあるジャイ子をはげます言葉になります。

If you get 100 rejections or 200 rejections, just keep trying. **I'm with you.**

「きみの味方だ」の表現いろいろ

❷ **I'm on your side.**
きみの味方さ。

❸ **I'm here for you.**
ぼくは、きみの味方だよ。

＊そのままの訳は「ぼくは、きみのそばにいるよ」。

＊そのままの訳は「ぼくは、きみのためにここにいるよ」。

❹ **I've got your six.**
ぼくは、きみの味方だ。

＊時計の一番上の数字12を「前」と考えると、真下の数字6は「後ろ」。つまり「ぼくは、きみの後ろにいるよ」。

❺ **I'm behind you.**
あなたの味方よ。

❻ **I'm in your corner.**
おまえの味方さ。

＊そのままの訳は「わたしは、あなたの後ろにいる」。

＊corner はボクシングで味方がいるリングのコーナー（角）のこと。

P60の9コマ目 The "Phony Phone.": phony は「いんちきの」。単語の頭が2語とも「フォウン」という音になっていて（「韻を踏む」と言います）、愛らしいひみつ道具名になっています。

66

Lesson 2 — ⑦ Sorry I've kept it from you.
だまってて悪かった。

解説 I keep it from you は「それをきみから離しておく」、つまり「それをきみに秘密にする」という意味です。この文のように、Sorry のあとに自分がしてしまったことを続けると「〜して悪かった」という言い方ができます。たとえば Sorry I lied. で「うそをついて悪かった」となります。

\ 言ってみよう /

⑧ This is between us.
ここだけの話だよ。

＊「これは、ぼくたちの間の話だよ」→「ここだけの話だよ」。

⑨ Keep it under wraps.
秘密にして。

＊wrap は包装紙のこと。「包装紙の下に置いていて」→「秘密にして」。

Lesson 3 — ⑩ It's out of my hands!!
そこまでめんどうみられるか!!

解説 out of my hands はそのまま訳すと「ぼくの手から離れている」ですが、ここでは「ぼくの手に負えない」という意味になります。「手に負えない」をあらわす表現は他にも **I can't handle it.**（「ぼくには対処できない」→「手に負えない」）や、**It's too much for me.**（「ぼくには多すぎる」→「手に負えない」）などがあります。

まんが家ジャイ子先生

P61の2コマ目 Will this really work? : work には「効き目がある」という意味があります。「この電話は本当に効き目があるだろうな？」→「これでうまくいくんだろうな？」とジャイアンは言っています。

英語ワンポイントレッスン

Lesson 4

⑪ Nope.
きいたことないなあ。

解説 Nope. は No. のくだけた表現で、否定をあらわす語です。意味は No. と変わりませんが、カジュアルな場で使われ、もっと軽い意味になります。軽い分だけなにかを断るときには便利な言葉です。たとえば「食事に行かない？」とさそわれたときなどに、No. よりも Nope. と答えて断ったほうが、やわらかな印象になります。Yes. のくだけた表現は Yup. です。

こんなふうに使うよ

⑫ **Did you do your homework?**
宿題やったの？

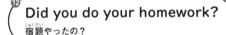

⑭ **You want to hang out?**
遊ばない？

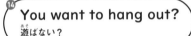

⑬ **Yup!**
うん！

⑮ **Yup!**
いいわよ！

⑯ **Seriously?**
本当かよ？

⑰ **Nope, I'm just kidding.**
うそうそ、冗談。

Words & Phrases

trash：くだらないもの（くだけた言い方）　run：掲載する　trick：だます　beat up：たたきのめす
rookie：新人　turn down：断る　keep up：続ける　plug：つなぐ　heartfelt：心からの
start over：出直す

みたままベレーで天才画家

The Mitamama Beret Makes You an Artist

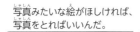

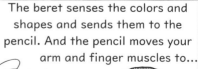
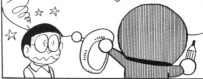

英語ワンポイントレッスン

みたままベレーで天才画家 / The Mitamama Beret Makes You an Artist

Lesson 1

① **You've got a point.**
大わらいだ。

解説 この point は「物事の中心となる重要なところ（核心）」という意味で、**You've got a point.** で「きみは核心をついてるね」という意味になります。相手の意見に完全に同意するときだけでなく、「それも一理あるね」と部分的に同意するときにも使えます。ここでは、「みんなきっとわらうよ」と言うのび太に対して、「きみの言う通りだ」→「大わらいだ」という意味で使っています。

pointを使った表現いろいろ

② Will you get to the **point**?
要点を言って。

③ Do you have a **point**?
なにを言いたいの？

④ What's the **point**?
なんの意味があるんだよ（意味ないでしょ）。

⑤ There's no **point** worrying about it.
心配したって、しょうがないさ。

⑥ When it comes to the **point**, Doraemon will help me.
いざとなったらドラえもんが助けてくれる。

P72の3コマ目：There he goes.. : 英語は「ほらね」という意味です。前のセリフとつながっていて、「えんぴつとスケッチブックを持たせると……ほらね」になります。

78

Lesson 2 ⑦ Beats me.
なんの夢だろう。

解説 Beats me. は It beats me. の It が省略された表現で、そのまま訳すと「それがぼくをやっつける」ですが、そこから転じて「まいった」→「まったく見当もつかない（わからない）」という意味になります。直前ののび太の What's the cup he's holding?（パパが持っているカップってなんだろう？）に対し、ドラえもんは Beats me.（わからない）と答えています。

Lesson 3 ⑧ You tried to pass off a photo as a drawing.
絵がかけないからって、写真もってくるなんて。

解説 pass off A as B は「AをBだとしてごまかす」「AをBとして押し通す」。ここでのスネ夫のセリフは、「写真を絵だということにして、ごまかそうとするなんて」という意味になります。pass と off の間に A を置いて、He passed himself off as an attorney.（彼は弁護士になりすました）のような言い方もできます。

\ 似ている表現 /

⑨ I was tricked.
だまされた。

⑩ That's cheating!
ずるい！

＊cheating は「不正行為」「いかさま」という意味。

P73の4コマ目 Who could that person have been?：英語の意味は「いったいあの人はだれなのかしら？」。could が「いったい全体」と疑問を強調して、「さっぱりわからない」というママの気持ちをあらわしています。

79

英語ワンポイントレッスン

絵画にまつわる英語

美術館などで絵画について話すときに役立つ表現を紹介します。

絵画の種類

portrait
肖像画

landscape painting
風景画

still life painting
静物画

abstract painting
抽象画

⑪ The picture is a **masterpiece**.
この絵は傑作だ。

⑫ Who painted it?
だれが描いたのかな？

⑬ Isn't this painting a **fake**?
がん作（にせもの）なんじゃないの？

Words & Phrases

something：たいしたもの　**Cut it out.**：やめてよ。　**for sure**：確実に
capture：（特徴などを）とらえる　**be worked up**：気持ちが高ぶって　**witness**：目撃者

 P74の4コマ目 **You there.**：「そこのきみ」と、名前を知らない相手を呼ぶときに使う言い方です。

80

ききめ一番
やくよけシール
The Safety Charm Sticker

よしてくださいよ、あぶないことは。

Please don't, honey. That's too dangerous.

こんどの休みにトンガリ岳にのぼるんだ。雪けいをわたったり、ザイルでがけをのぼったりするんだよ。

I'm going to Mt. Tongari on my next day off. I'm going to use ropes to climb up the snowy gorge.

You're not athletic and I know you'll slip and fall.

あなたは運動神経がにぶいから、きっとすべってころんでおっこちるわ。

「やくよけシール」

The "Safety Charm Sticker."

い〜え、きっとおちます!! ばかにするな!!

What did you say?

I said you'll slip and fall!

そうだ、あした1日のび太にはってためしてみよう。

Okay, I'll prove it by sticking it on you tomorrow.

22世紀の科学がつくりだしたシールだよ!

It's the product of 22nd century technology!

やくよけなんて、そんな迷信信じられないわ!!

That's a superstition. I don't believe it.

これをおなかにはっておけば、あらゆる災難をのがれます。

Put it on your stomach and you'll never have bad luck.

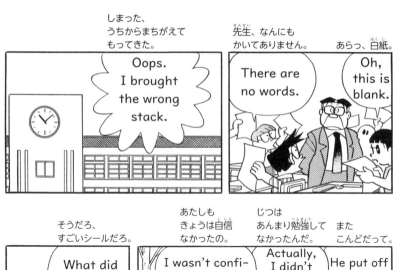

Rattle

英語ワンポイントレッスン
ききめ一番やくよけシール／The Safety Charm Sticker

聞いてみよう

Lesson 1 ❶ Rise and shine!
朝だ、おきろ。

解説 Rise and shine! は「起きて輝け!」、つまり「ベッドから元気よく起きて行動しよう!」という意味です。同じ意味で Wakey-wakey, rise and shine! もよく使います。Wakey-wakey は wake up（起きる）のことです。こちらは子どもを学校に送り出すとき、朝の会議を始めるときなどの景気づけにも使います。

Rise and shine!

「おはよう」の表現いろいろ

❷ Good morning.
おはよう。

❸ Morning!
おはよう!

❹ Wakey-wakey!
起きて!

❺ It's time to wake up.
起きる時間だよ。

❻ Time to get up, sleepyhead.
ねぼすけさん、起きましょう。

❼ Morning, Sunshine.
おはよう、ぼくのおひさま。

＊主に恋人に使います。

P83の7コマ目 Don't sweat it. : sweat には「汗をかく」の他に「心配する」という意味があります。Don't sweat it. は「心配しないで」という意味の決まり文句です。

89

Lesson 2 ⑧ He put off the test.
またこんどだって。

解説 put off は「延期する」。「先生はテストを延期した」→「また今度だって」と言っています。off には「離れて」という意味もあるため、put off を「離れたところに置く」というニュアンスでとらえると、「延期する」という意味を理解しやすいでしょう。「延期する」には postpone もありますが、こちらはフォーマルな言い方です。

Lesson 3 ⑨ Mr. Mail carrier!
郵便屋さあん!!

解説 mail carrier は「郵便物（mail）を運ぶ人（carrier）」です。八百屋さんは greengrocer または vegetable shop、魚屋さんは fish shop、肉屋さんは meat shop です。アメリカ英語では一種類のものを扱う店や比較的小さな店は shop、コンビニのように商品の種類が一種類でない店には store を使います。convenience store や grocery store（雑貨店）が shop ではなく store なのはそのためです。

MEMO 職業の言い方

mailman / postman（郵便屋さん、郵便配達員）のように男女の区別をする職業名は現在では使われなくなっています。警官は police officer、消防士は fireman ではなく firefighter、セールスマンは salesperson、飲食店の店員も waiter / waitress ではなく server、女優は actress とは言わず、男女問わず actor と呼ぶことが一般的になってきています。

P84の4コマ目 What did I tell you？：そのまま訳すと「ぼくなんて言った？」ですが、「ほら、言った通りだろ」という意味の決まり文句として使われます。

Lesson 4

Enjoy!
いってらっしゃ〜い。

解説 がけを登るような危険な山登りに出かけるパパに、ドラえもんたちは **Enjoy!** と声をかけています。「楽しんでね」という意味ですが、登校する子どもに家族が言う言葉でもあります。シールを貼って安全だとわかっているので **Enjoy!** で送り出していますが、危険な場所に出かける家族には **Be careful.**（気をつけて）を使います。

「いってらっしゃい」の表現いろいろ

Have a blast!
思い切り楽しんできて！

＊blast は「とても楽しい時間」のこと。

Have a good day.
いい1日を。

Get home safe.
気をつけて帰るんだぞ。

Be careful.
気をつけてね。

Stay safe.
気をつけてね。

See you!
じゃあね！

＊別れのあいさつですが、相手を送り出すときにも使います。

Words & Phrases

day off：休日　athletic：スポーツが得意な　superstition：迷信　prove：証明する
stack：(書類などを積み重ねた)山　the other day：先日　strand：立ち往生させる

P87の1コマ目 Eat this! : Eat this! / Eat it! は「これでも食らえ」という意味です。日本語とまったく同じ使い方をする表現です。

91

目は口ほどに物を食べ
A Feast for the Eyes

なんの話？
ぼくにもきかせて。

つぎは
エスカルゴ・ブルゴーニュ風
…。

いつもの
じまん話か！

食べたことのない人には
わからないだろうけど、
とにかくおいしいのなんのって……。

クッキングスクールと
もうしましても、
高級おフランス料理専門の……。

まあ、お料理学校へ
かよって
らっしゃるの。

精神衛生に
よくないから。

はじめから
きかないほうが
いい。

主人もスネ夫も
一流レストランのシェフにも
負けないと………。

昨夜腕だめしに
フルコースに
挑戦してみましたの。

しゅみではじめたんざますけどね。
先生がおどろいて
「マダムホネカワは天才だ！」なーんて!!

ガスを
ふきつけて…。

おいしそうな
写真がいっぱいあるよ。

いい本が
あった。

Chinese **Home Cooking** **French Cooking**

> Let's spray the pictures.

> So many good pictures here.

> These are perfect.

カップめんでいいから、
本物を食べたいよ……。
ん!?

この「海がめのスープ」
あたりから
はじめてはいかが？

まあまあ、
そう
いわないで。

つくり方なんて
読んだって
しようがない。

> I want real food. Some instant noodles would be fine... Hm?!

> Why don't you start with this sea turtle soup?

> Come on. Take a look.

> How are recipes going to help?

ペキンダックも
食べてみたら？

このフィレステーキも
おいしいと思うよ。

こんなうまい物
はじめてだよ。

いいにおいが………
口の中いっぱいに
おいしいスープが……。

> So does this Peking duck.

> This filet mignon looks good too.

> This is the best food I've ever had.

> It smells good... and tastes even better. How good this soup is.

おなかがすいたら、また
みにおいでよ。

いやあ、
これだけ食べれば
2、3日もつよ。

もう帰るの？ 今夜はママが
ごちそうつくってくれるよ。

ごちそうさま。

> If you get hungry, come back anytime.

> No thanks. I'll be full for a few days.

> Are you leaving already? Mom's making a big meal tonight.

> Thank you very much.

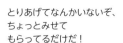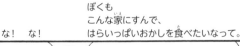

英語ワンポイントレッスン
目は口ほどに物を食べ／A Feast for the Eyes

Lesson 1
❶ I just started as a lark.
しゅみではじめたんざますけどね。

解説 hobby は日本語の「趣味」とニュアンスが異なり、「お金と時間をかけて熱心に取り組むもの」を指します（4巻35ページ参照）。ここでスネ夫のママは「ちょっと遊びで始めてみた」というニュアンスで「趣味」という言葉を使っているので、hobby ではなく lark（遊び）になっています。as a lark で「遊びで」という意味になります。

I just started as a lark. But the teacher was surprised at my ability and said "Madame Honekawa, you're a genius!"

Lesson 2
❷ What's gotten into her?
どういう風のふきまわしだろう。

解説 ここでの get (gotten) into は「悪いものが人に取りつく」という意味。What's は What has が短くなったもの。この has には「～してしまう」という意味が加えられるため、「取りついた」というより「取りついてしまった」になります。「なにがママに取りついてしまったんだろう」→「いったいどうしちゃったんだろう」という意味です。

No idea. But you know, I can't wait.

What's gotten into her?

こんなふうに使うよ

❸ What's gotten into you?
いったい、どうしちゃったの？

❹ I don't know what's gotten into me.
ぼく、どうかしてた。

P96の8コマ目 I was hoping I could grab some food.：grab は「つかむ」という意味ですが、日常生活では「食べる」「飲む」という意味でよく使われます。

102

Lesson 3

⑤ It smells good...
いいにおいが………。

解説 smell は「においがする」。smell good は「いいにおいがする」、smell terrible は「ひどいにおいがする」です。日本語で「におう」というと「悪いにおいがする」という意味になりますが、smell も同じ使い方をします。What smells?（なんのにおい？）、Does my breath smell?（ぼくの息、におう？）のような言い方をします。においの表現については下で確認しましょう。

> It smells good...
> and tastes even better. How good this soup is.

においの表現いろいろ

smell
よいにおいにも、いやなにおいにも使われる。smell だけで「いやなにおい」という意味も。

| good smell | いいにおい |
| bad smell | いやなにおい |

scent
よい香り。花や果物などの香りに使われる。

| scent of roses | バラの香り |
| scent of bread | パンのいいにおい |

aroma
よい香り。食べ物、飲み物、ハーブなどに使われる。

| coffee aroma | コーヒーの香り |
| lavender aroma | ラベンダーの香り |

fragrance
よい香り。香水、花、お香などに使われる。

| fresh fragrance | さわやかな香り |
| floral fragrance | 花の香り |

odor
主にいやなにおい。

| body odor | 体臭 |
| garlic odor | にんにく臭 |

stench
悪臭。強烈なにおい。

| stench of garbage | ゴミのにおい |

P98の8コマ目 Yikes!：「やべっ」とか「しまった」のように、ネガティブな意味合いで使います。驚いたりショックを受けたりしたときに思わず口から出る言葉です。

目は口ほどに物を食べ

英語ワンポイントレッスン

Lesson 4　❻ So is this!
これもうまい!!

解説　のび太の **Hey, this is good.** (あっ、これはおいしい) に続けてドラえもんが言ったセリフです。**So** は「その通り」、そのあとの **is this** は語順が逆になっています。語順を入れ替えることで「〜もまた、そうだ」の意味を強調して、「ジャンボめんだってまったく同じようにおいしいよ」という意味になります。英語は、最後に新しい情報 (ここでは **this**) が来るように文が作られる、と覚えておくとよいでしょう。

\ 似た表現の例 /

❼ Thanks.
I'm very happy.
ありがとう。
ぼく、うれしいよ。

❽ So am I.
わたしもうれしいわ。

❾ My mother loves chocolate.
ぼくのママはチョコレートが大好きなんだ。

❿ So do I.
わたしも好きよ。

⓫ That boy can't swim.
あの子、泳げないんだぜ。

⓬ Neither can I.
ぼくもだよ。

*neither は「〜もまた〜ない」。「ぼくもまた泳げないよ」という意味。

P99の3コマ目　I'll have to 〜 already have. : 1つ目の what は「なんのフランス料理を作ることができるのか」の「なんの」、2つ目の what は「すでに持っているもので」の「もの」。what の意味が異なります。

Lesson 5

⑬ **I want to try making a unique cake for a change.**

たまにはめずらしいケーキをつくってみたいんだけど…。

解説 try ～ing は「試しに～する」、unique は「めずらしい」で、「めずらしいケーキを作ってみたい」という意味になります。日本語の「ユニーク」には「おもしろい」という意味がありますが、英語にはないので使うときに注意しましょう。**for a change** は「たまには」「いつもと違って」という意味です。「たまには」の表現を下で確認しましょう。

I want to try making a unique cake for a change.

「たまには」の表現いろいろ

⑭ Take some rest **once in a while**.
たまには、ゆっくりしなよ。

⑮ You should go to bed early **sometimes**.
たまには、早く寝なさい。

⑯ **At times** it's ok to stay up late.
たまには、夜ふかししてもいいよな。

⑰ **Now and then** that happens.
たまには、そういうこともあるわよ。

Words & Phrases

brag：自慢話をする　high-end：高級な　upscale：高級な、高所得層向けの　cookbook：料理の本
upset：怒った　knock ～'s socks off：～をひどく驚かせる（くだけた言い方）
Come on in.：さあ入って。　help：役に立つ　take a look：見る　ingredient：材料
be absorbed in ～：～に没頭する　miss：欠いている

万能クリーナー
The Ultra-Eraser

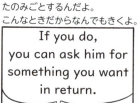

POP

Two can play at this game!

We shouldn't have helped him!

What a jerk!

Let's put them back in the notebooks.

All the scribbles we erased are in this capsule.

英語ワンポイントレッスン
万能クリーナー／The Ultra-Eraser

Lesson 1 ❶ You're a real pal.
心の友よ!!

解説 palは「友だち」のこと。friendよりもカジュアルな語で、主に男性が使う言葉です。pal from the neighborhood は「近所の友だち」というニュアンス。Hey, pal. (よう)のように、呼びかけにも使います。gal pal は「(女性同士の)親しい女友だち」のこと。この言葉はShe's my gal pal. (彼女はわたしの親しい女友だちだ)といった使い方をします。

You're a real pal, Suneo.

Let me know there's any thing else I do for you

「友だち」の言い方いろいろ

friend
広く使える「友だち」

❷ Suneo is a **friend** of mine.
スネ夫はおれの友だちだ。

＊Suneo is my friend. よりもこちらのほうがより親しいニュアンスになります。

buddy
friendよりも親しい「友だち」

❸ They're good **buddies**.
あいつら、いい友だちだよ。

＊アメリカでよく使われる言葉。

mate
イギリスなどで使われる「友だち」

❹ You're my **mate**!
きみは、ぼくの大切な友だちだ！

＊イギリスやオーストラリアなどで、主に男性が使う言葉。my friend よりも親しさを感じる語です。

bro / sis
きょうだいのように親しい「友だち」

❺ Hey, **sis**. How's it going?
ね、元気？

＊bro は brother、sis は sister の略語。男性同士または女性同士でよく使う言葉です。

P107の2コマ目 Wow, this isn't like you.：this は「のび太が遅刻しないで学校に向かうこと」。「それって、きみらしくない(= not like you)」、つまり「めずらしい」という意味になるわけです。

The Ultra-Eraser

116

Lesson 2

⑥ What a suck-up.
ちょうしいいんだから!!

解説 suck は「吸う」ですが、suck up には「吸い上げる」の他に「ご機嫌をとる」「ゴマをする」という意味があります。ここでは suck-up で「ゴマスリ」「ご機嫌取り」という意味で使われています。のび太は、ジャイアンへの態度をすぐに変えたスネ夫に対して「なんてご機嫌取りなんだ」→「調子がいいんだから」とあきれているわけです。

Rats! What a suck-up.

Lesson 3

⑦ Why not help him?
たすけてやったら?

解説 Why not? には3つの意味があります。1つ目は109ページ6コマ目の Why not? のように、「どうしてダメなの?」と理由をたずねる言い方です。2つ目は「もちろんいいよ」と賛成するときの言い方。「なぜダメなの?」→「もちろんいいにきまっている」というニュアンスです。3つ目は Why not 〜? で、「〜してみたらどう?」と提案をする言い方で、ここではこの意味で使っています。

What? / Why not help him?

こんなふうに使うよ

⑧ **Why not** come and see me?
遊びにおいでよ。

⑨ **Why not** see a doctor?
お医者さんにみてもらったら?

⑩ **Why not** take a taxi?
タクシーで行ったら?

P108の5コマ目　Don't bother.：bother は「面倒なことをわざわざする」。Don't bother. は「そんな面倒なことをすることないよ」という意味の決まり文句です。

英語ワンポイントレッスン

Lesson 4
⑪ Nobita's on the phone.
のび太くんからお電話ざますよ。

解説 on the phone は「電話中」または「電話がかかってきている」という意味です。他にも、**Nobita is on the line. / Nobita is calling you. / Nobita is asking for you.** などと言うこともできます。**line** は「電話回線」という意味があり、**The line is bad.** と言うと「電話の接続が悪い」という意味になります。

Lesson 5
⑫ Two can play at this game!
らくがきをかえしてやろう!!

解説「2人はこのゲームをする」つまり「受けて立つ」という意味になる表現です。相手がひきょうな手段をとったので同じやり方で仕返してやる、というようなときに使うことが多いです。ここでは約束を守らないスネ夫に対してドラえもんが「それならこっちも考えがある」→「ノートの落書きをもとに戻してやる」という意味で言っています。

\ 他の言い方 /

⑬ **You started.**
きみが始めたんだからね。

⑭ **You wanna do this?**
やりたいのか？
（けんか売ってんのか？）

⑮ **Bring it on!**
上等だ、やってやるよ！

P112の4コマ目 No one can bother you. : ここでの bother は「〜に迷惑をかける」「〜にいやな思いをさせる」という意味。「だれもおまえにいやな思いをさせることはできない」、つまり「味方だ」ということです。

英語のことわざ表現〈ラッキー編〉

Pennies from heaven.
たなからぼたもち。

＊「天国から降ってきた小銭（ペニー）」という意味。

Bad luck often brings good luck.
災い転じて福となす。

Good things come to those who wait.
待てば海路の日和あり。

Throw a sprat to catch a whale.
エビでタイを釣る。

＊「小魚（sprat）を投げてクジラ（whale）を捕える」という意味です。

Sleep and wait for good luck.
果報は寝て待て。

Make hay while the sun shines.
思い立ったが吉日。

＊「日が照っているうちに干し草（hay）を作れ」という意味です。

Words & Phrases

get over：克服する　mess：困ったこと　pay：償う　in return：お返しに
gone：消えた　scribble：落書き

P112の9コマ目 You and I are officially friends forever!：この officially は話し言葉としての使い方で、「本気で」という意味。「自信を持ってそう言い切ることができる」といったニュアンスです。

ふたりっきりで
なにしてる?
What Are You Two Doing?

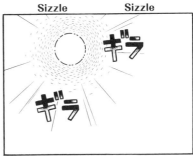

英語ワンポイントレッスン
ふたりっきりでなにしてる？／What Are You Two Doing?

聞いて
みよう

Lesson 1

❶ I'll drop by later.
じゃ、あとでいくからね。

解説 drop by は「立ち寄る」という意味。物を渡すなど、ちょっとしたことのために友だちの家などに「ふらっと立ち寄る」というニュアンスの、カジュアルな表現です。事前に連絡して立ち寄るときにも使うことができます。似た表現に stop by がありますが、こちらは「予告しないでふらっと立ち寄る」というニュアンスが強いです。

See you then. / I'll drop by later.

「立ち寄る」をあらわす表現いろいろ

❷ My dad will **drop by** later.
パパが、あとで少し顔を見せるわ。

＊drop by は「ふらっと立ち寄る」。

❸ I **popped in** to return the book.
本を返すためにちょっと寄ったんだ。

＊pop in は「（短い用事を済ませるために）ちょっと寄る」。

❹ I **stopped by** your place to say hello.
あいさつするためにきみの家に寄ったんだ。

＊stop by は「予告なしで立ち寄る」。

❺ Can you **come over** to my place tonight?
今夜うちに来ない？

＊come over は「（だれかの家などプライベートな場所へ）寄る」。

❻ We'll **check out** the new café.
新しくできたカフェに寄るつもり。

＊check out は「（新しい店や興味がある場所に）ちょっと寄る」、「調べる」。

 P126の6コマ目 You have such a dirty mind.：そのまま訳すと「きみは、きたない心を持っている」ですが、「まったく変なことばかり考えるんだから」といった意味で相手に文句を言うときの決まり文句です。

130

Lesson 2

⑦ Doesn't ring a bell.
なんの日かしら。

解説 この文では It が省略されており、本来は **It doesn't ring a bell.** になります。**ring a bell** はそのまま訳すと「ベルを鳴らす」ですが、「心当たりがある」「思い出す」という意味で使われる決まり文句です。ここでの **It** は「8月7日」のこと。「8月7日と言われても、心当たりがないわ」→「なんの日かしら」と、しずちゃんは言っています。

> August 7th? ... It's not the war-end anniversary...
> Doesn't ring a bell.

Lesson 3

⑧ What are they up to?
これからなにをはじめるか……。

解説 **up to ～** はさまざまな意味を持っていますが、ここでは「～しようとして」という意味で使われています。「しずちゃんと出木杉は、なにをしようとしているのかな?」という意味ですが、「しずちゃんと出木杉はなにをたくらんでいるのだろう」というニュアンスもあります。2人に嫉妬しているのび太にとっては、後者の気持ちも含まれているかもしれません。

> Now what are they up to?
> All done!

こんなふうに使うよ

⑨ I wonder what you're <u>up to</u>?
きみは、なにをしようとしているのかな?

⑩ What are you <u>up to</u> today?
今日は、どうする予定?

P128の5コマ目 Take this!:「これでも食らえ!」という意味。P87の1コマ目、**Eat this!** と同じ意味です。主にケンカなどのシーンで使います。

英語ワンポイントレッスン

SNSでよく使われる略語

英語では、SNSで会話するとき、手早く入力できる略語がよく使われます。

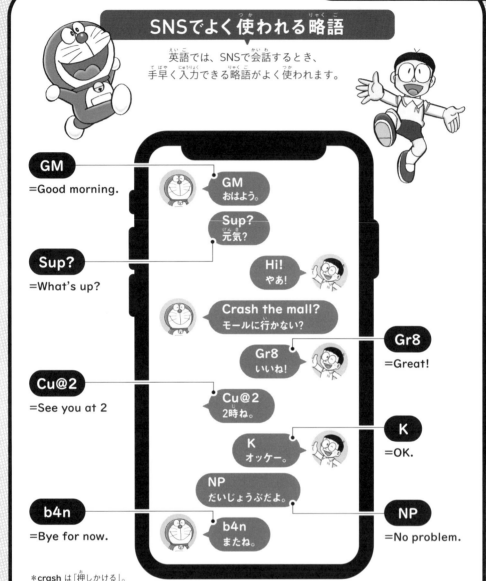

GM =Good morning.
Sup? =What's up?
Cu@2 =See you at 2
b4n =Bye for now.
Gr8 =Great!
K =OK.
NP =No problem.

GM おはよう。
Sup? 元気?
Hi! やあ!
Crash the mall? モールに行かない?
Gr8 いいね!
Cu@2 2時ね。
K オッケー。
NP だいじょうぶだよ。
b4n またね。

*crash は「押しかける」。

What Are You Two Doing?

Words & Phrases

close：仲がいい　leave out：のけ者にする　investigation：捜査
hang around：いっしょにいる　peek：そっとのぞく　work：操作する　peep：のぞき見する
hear out：最後まで聞く　magnification：倍率
Suit yourself.：勝手にどうぞ。　deserve：～に値する

 P129の1コマ目 You win...：「負けたよ」と言うとき、英語では「(自分が)勝った」ではなく You win.（きみの勝ちだ）という言い方をするのが一般的です。

132

人の身になるタチバガン

The Place-Trader Gun

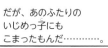

英語ワンポイントレッスン
人の身になるタチバガン／The Place-Trader Gun

Lesson 1

❶ **Yeah, yeah.**
わかってる。

解説 yeah は yes をカジュアルにした表現です。あいづちを打つときなどは Yes. と言うよりも Yeah. のほうがやわらかい言い方になります。しかし、のび太のように Yeah, yeah. と 2 回くり返すと、「はいはい、わかってるって」という意味になり、相手の言うことを聞き流して適当に返事をするときの言い方になります。

\ 言ってみよう /

❷ **Uh-huh.**
うん、うん。

❸ **Yeah, right.**
うん、そうだね。

❹ **True.**
確かに。

Lesson 2

❺ **If I can get back at them, that's good enough for me.**
ジャイアンたちをやっつけられれば、それで満足さ。

解説 get back at は「~に仕返しをする」。at は場所を示すときに使われることが多いですが、人に対して使うときは angry at ~（~に怒っている）、laugh at ~（~を笑う）、fire at ~（~に文句を言う）のように、ネガティブな感情をぶつける意味合いで使われることが多いです。good enough は「(完ぺきではないけれど) 十分だ」という意味です。

P136の9コマ目 Oh, hi.：teacher（先生）は、あいさつとして相手に呼びかけるときには使いません。Mr. Tanaka のように名前を呼ぶか、Hi. や Hello. を使います。

英語ワンポイントレッスン

Lesson 3

❻ We need to talk.
話がある。

解説 日本語で「話がある」と言われたら、相手がだれであれ、少し身構えるのではないでしょうか。英語の **We need to talk.** も日本語と同様の意味合いです。相手が上司や先生、親なら小言、恋人なら別れ話を予感させる表現です。単に「相談したいこと、伝えたいことがある」と言いたいときは、**I have something to talk about.** や **Can we talk?** などを使います。

「話がある」の表現いろいろ

カジュアル

❼ **Can we talk now?**
話せる?

❽ **Do you have a minute?**
ちょっといい?

❾ **We need to talk.**
話がある。
＊よくない内容の場合が多い。

❿ **I need to tell you something.**
話したいことがあるんだ。
＊話の内容がよいときも悪いときも使える中立の表現。

⓫ **I have something to talk about.**
話したいことがある。
＊日常会話でもビジネスの場面でもOK。なにか問題があるとき。

⓬ **I'd like to talk to you in private.**
2人だけで話したいです。

ていねい

P139の7コマ目 We'll get you!：「つかまえてやるからな!」という英語になっています。「許す」をあらわす語には forgive、allow、pardon などがありますが、ジャイアンとスネ夫が使いそうな表現にしています。

一度腹ぺこのつらさを、
味わっておくのも悪くない。

いわれてみれば、そのとおりだ。
食べ物は生きていくためになくては
ならない物だ。大事にすべきだ。

It'll be good for him to experience true hunger.

You know, he's right. We all need food. We should appreciate it.

さ、飲みな。
一粒でいいから。

一粒飲めば、一食、
ごはんが食べられ
なくなる。

「ヤセール」
太りすぎで、食事をへらしたい
人のためのくすりだ。

Here, have one.

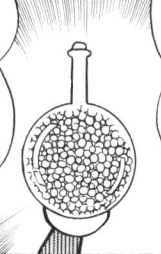

If you have one drop, you can't eat one meal.

The "Slim Drops." It's for people who are trying to lose weight.

じゃ、あとで飲めよ。
一粒でいいから。

You did it!

ア〜
ア〜。

あとで!
それどころじゃないっ。

Make sure you have one later.

やった!!

Not now! I'm at the best part.

Come on!

Gulp Gulp うまい。

なんだ
このくすりは。

ああ、
おもしろかった。

Hmm, good!

Well, what's this?

Gosh, it was a great match.

英語ワンポイントレッスン
腹ぺこのつらさ知ってるかい／True Hunger

聞いてみよう

Lesson 1

① **He barely touched his food. What a waste.**
まあ、まあ、ごはんもおかずも、こんなに残して。

解説 barely には「ほとんど〜ない」と「ギリギリで〜する」の2つの意味があります。同じ言葉が否定的な意味でも肯定的な意味でも使われるのでまぎらわしいのですが、状況で判断するしかありません。ここでは前者の意味で使っていて、**He barely touched his food.** で「彼はほとんど食事に手をつけなかった」です。**What a waste.** は「なんてもったいない」という意味になります。

「ほとんど〜ない」の言い方いろいろ

程度をあらわす

② **I can hardly see you.**
きみがほとんど見えない。

③ **I can scarcely see you.**
きみがほとんど見えない。

＊hardly と scarcely の程度は同じです。
　scarcely のほうがフォーマルで書き言葉に使うことが多い。

④ **I can barely see you.**
きみがほとんど見えない。

＊barely は、ほんの少しは見えるときに使います。

頻度をあらわす

⑤ **I rarely see you these days.**
最近はきみをほとんど見ていない。

⑥ **I seldom see you these days.**
最近はきみをほとんど見ていない。

＊rarely は会話で、seldom は主に書き言葉で使います。頻度は同じです。

P145の3コマ目 He needs 〜 his food.：日本語は「食べ物をそまつにするなと、一度いってきかせなくちゃ」ですが、英語では「なぜごはんを食べることが重要なのか、のび太は知る必要がある」という言い方になります。

152

Lesson 2

⑦ I'm at the best part.
それどころじゃないっ。

解説 the best part は「一番いい部分」。のび太は「ぼくは一番いいところにいる」つまり「今見ている試合がいいところなんだ」と言っています。このようにスポーツの試合や映画などの一番の見どころの部分に対して the best part を使うことがあります。the best part には他にも「大部分」という意味があります。

こんなふうに使うよ

⑧ **The best part** hasn't come yet.
クライマックスは、まだこれから。

⑨ I took **the best part** of a day to do my homework.
宿題をするのに、ほとんど一日かかった。

英語のことわざ〈食べ物編〉

○ Bread is better than the song of birds.
花より団子。
＊「鳥の歌よりもパンのほうがいい」という意味。

○ The apple doesn't fall far from the tree.
カエルの子はカエル。
＊「リンゴは木から遠くに落ちない」という意味。

○ Good wine makes good blood.
酒は百薬の長。
＊「いいワインはいい血を作る」という意味。

○ You're what you eat.
あなたは、あなたが食べた物でできている。

○ An apple a day keeps the doctor away.
1日1個のリンゴは医者いらず。

P146の6コマ目 I'm talking to you! : 「聞いてるのか？」と相手を責めるときの決まり文句です。英語では I'm talking to you!（おまえに話しているんだぞ！）という言い方をします。

英語ワンポイントレッスン

Lesson 3

⑩ **Thanks to that drop, he couldn't eat breakfast today.**
一粒、飲んだからさ一食食べられなかったんだ。

解説 thanks to ~ は「~のおかげで」で、「きみのおかげで助かった」「コーチのおかげで試合に勝てた」のように感謝を伝える表現ですが、「~のせいで」といったネガティブな意味合いで使う場合もあります。ここでは、「一粒飲んだせいで、彼（のび太）は今日、朝食を食べることができなかった」と、後者の意味で使っています。さまざまな thanks to ~ を使った文を下で確認しましょう。

thanks to ~ の使い方いろいろ

感謝を伝えるとき

⑪ **Thanks to** the coach, I won the match.
コーチのおかげで試合に勝ったぜ。

なにか（だれか）のせいにするとき

⑫ **Thanks to** the rain, the trip was put off.
雨のために旅行が延期になった。

嫌味や皮肉を言うとき

⑬ **Thanks to** you, everyone knows that.
きみのおかげで、みんなにバレちゃったよ。

True Hunger

P148の2コマ目 Your breakfast! : 日本語は「パンとミルク」ですが、bread and milk には「パンと牛乳だけの食事」の他、「ミルクにひたしたパン」という意味もあるため、Your breakfast! と訳しています。

Lesson 4

⑭ You're not leaving.
勝ち逃げしようってのか。

解説 You're not leaving. で「お前（のび太）は立ち去ったりしない」という意味になります。動作をあらわす語（ここでは leave）に ing をつけると、とても近い未来や、前から計画していた予定について言うことができます。たとえば I'm going to the park. と言えば「公園に行くところです」となります。のび太の未来を決めつけるようなこのジャイアンのセリフは、「勝ち逃げは許さない」という気持ちをあらわしています。

You're not leaving.
Not until I win!

\ 言ってみよう /

とても近い未来

⑮ **I'm coming.**
今行くわ。
＊相手がいる場所へ行く場合は come を使います。

⑯ **I'm going** to the park.
公園に行くところ。

⑰ **I'm leaving** home in 10 minutes.
あと10分で家を出るよ。

前から予定していた未来

⑱ **I'm meeting** Nobita at 11 am.
11時にのび太くんと会う予定だよ。

⑲ **We're leaving** early tomorrow.
明日の出発は早いぜ。

Words & Phrases
appreciate：感謝する　make sure ～：必ず～する　distraction：気を散らすもの
on purpose：わざと　swear：誓う

季節カンヅメ
Canned Seasons

うちにクーラーがあってよかった。
Thank goodness we have an air conditioner.

あつい！体がとろけちゃうよ！
It's hot! I'm melting!

英語ワンポイントレッスン
季節カンヅメ／Canned Seasons

聞いてみよう

Lesson 1 — ① It's supposed to be hot!
あつくなくちゃ夏らしくないよ。

解説 It は「夏」のこと。be supposed to ～ は「～することになっている」で、「夏は暑いことになっている」→「夏は暑いものだ」という意味です。be supposed to ～ は未来の予定やルールを伝えたいときにも使えます。たとえば「ここではくつを脱ぐことになっています」と伝えたいときは、You're supposed to take off your shoes here. と言います。

You know it's summer. It's supposed to be hot!

Would you stop whining?

こんなふうに使うよ

② <u>I'm supposed to</u> take a test tomorrow.
明日ぼくはテストを受けることになっている。

③ It <u>was not supposed to</u> rain today.
今日は雨のはずじゃなかったのに。

Lesson 2 — ④ What the?
ばかだなあ。

解説 「なんてこった!」という意味の What the hell? / What the heck? を短くした表現です。hell は驚きを強調する言葉ですが、下品な印象があります。下品な度合いを弱めるために heck という言葉が生まれたのですが、こちらも下品であることには変わりがないので、the で止めて、What the? だけでも使います。

What the?

P157の1コマ目 It's not working? : work は「正常に機能する」という意味。「うちのクーラー、きちんと動いていないわけ?」とのび太は言っています。

英語ワンポイントレッスン

Lesson 3

❺ **Who left this thing here?**
だれだ!? こんなへんな物おいたのは？

解説 thing は「もの」で、この文は thing を使わずに Who left this here? と言うこともできます。その場合は「だれがこれをここに置いたの？」ですが、this を this thing にすることで対象物に対して距離感が生まれ、「これ」が「こんなもの」という意味合いに変わります。つまり、ここでは「こんなへんな物」という意味になります。

Lesson 4

❻ **That's more like it!**
こりゃいいや。

解説 That's more like it. は、「まさにそんな感じ」または「そっちのほうがいい」という意味の決まり文句です。ここでの That は「（ドラえもんがくれた）かんづめの夏」を、it は「本物の夏」を指していて、「かんづめの夏のほうが、より本物の夏みたいだ」という意味になります。その他の that's 〜 を使った決まり文句を下で確認しましょう。

that's 〜 を使った決まり文句

❼ **That's it.**
まさにそれだよ
（その通りだ）。

＊「これでおしまい」という意味もあります。

❽ **That's about it.**
まあ、こんなところかな。

❾ **That's the spirit.**
そう来なくちゃ（その意気だ）。

P159の6コマ目 This is fall. :「秋」はアメリカ英語では fall、イギリス英語では autumn です。セリフでは fall を使っていますが、原作ではかんづめに AUTUMN と描かれていたため、そのままにしています。

164

複数になると意味が変化する英語

語の最後に s や es がついて複数の形になると、意味が変化する言葉があります。

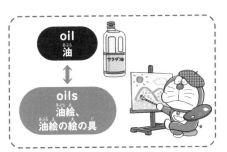
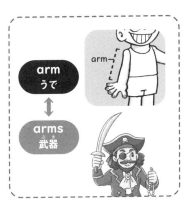

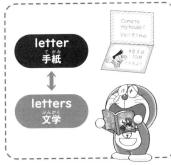

Words & Phrases

thank goodness：ありがたいことに　whine：ぐちを言う　burn up：燃えつきる
respective：それぞれの　Knock it off!：いいかげんにしてくれ！

P159の6コマ目　Chirp Chirp：アメリカでは虫への関心は低く、あまり鳴き声に注目しません。違いを強調するためにセミの鳴き声は buzzz としましたが、本来、虫の鳴き声はすべて chirp で表現します。

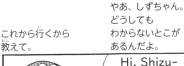

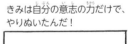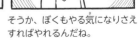

英語ワンポイントレッスン
シャラガム／The Give-It-Your-All Gum

Lesson 1

① Everything else can wait.
すべてはそのあとにしてもらいたい。

解説 そのまま訳すと「その他のすべてのことは待つことができる」で、つまり「すべてはそのあとにして」という意味になります。日本語では「その他すべてのこと」のような生物ではないものなどが文の主語（「〜は」「〜が」をあらわす語）になることが少ないので、このような言い回しは変に感じるかもしれませんが、英語ではよく使われる言い方です。

I've made up my mind! After school, I'll study for three hours!
Everything else can wait.

\ 言ってみよう /

② This can wait.
これは急ぎではありません。

③ Chit-chat can wait.
おしゃべりはあとでね。

④ This bus will take you to Shinjuku.
このバスに乗れば新宿に行けるよ。

⑤ What made you say so?
なぜそんなこと言うの？

⑥ The song reminds me of the old days.
その歌を聞くと昔を思い出すんだ。

P168の7コマ目 This time, I'll do it.：「こんどこそやりぬくぞ」を、accomplish（成しとげる）や achieve（やりとげる）を使わずに、のび太らしい言い方で訳しています。

176

Lesson 2

❼ I need your help, so I'm coming over.
これから行くから教えて。

解説　「行く」は英語では **come** と **go** であらわしますが、どちらを使うかは状況によって変わります。相手がいる場所へ自分が「行く」とき、また自分がいる場所に相手が「来る」ときには **come**、自分や相手がいる場所ではない「他の場所へ行く」ときには **go** を使います。ここではのび太はしずちゃん（相手）がいる場所に行くので **come** を使っています。

I need your help, so I'm coming over.

Hi, Shizu-chan. There's something I can't figure out.

comeとgoの違い

come
相手がいる場所へ「行く」とき

自分 → 相手

❽ **I'm coming!**
今行く！

come
自分がいる場所に相手が「来る」とき

自分 ← 相手

❾ **Come** here.
ここに来て。

go
自分または相手がいる場所ではない「他の場所へ行く」とき

❿ I've got to go.
もう行かなきゃ。

P168の8コマ目　I'm almost in middle school. : almost は「まだ完全にはそこにいたっていないけれど、ほぼその状態」のこと。ここでは「もうすぐ」をあらわしています。

英語ワンポイントレッスン

Lesson 3

⑪ **You always try to count on me.**
きみは、すぐぼくにたよろうとする。

解説 count on 〜 は「〜を頼りにする」「〜を当てにする」という意味。カジュアルな表現で、日常生活でよく使います。depend on 〜 と rely on 〜 も同じ意味ですが、depend on 〜 は「経済的に頼っている」という場合や依存度が大きいときに使われ、ややネガティブなニュアンスがあります。また rely on 〜 には「信頼をよせる」という意味合いがあります。下で確認しましょう。

「頼る」の使い分け

depend on 〜
〜に頼る

⑫ I still **depend on** my parents.
ぼくは今もまだ両親に頼っている。

＊depend on で「経済的に頼っている」という意味をあらわします。

rely on 〜
〜を信頼する

⑬ I **rely on** you.
頼りにしてるわ。

count on 〜
〜を頼りにする、
〜を当てにする

⑭ **Count on** me!
まかせてよ!

P173の3コマ目 I'm not coming in. ：日本語のセリフは「時間がない」ですが、英語では「ぼくは家におじゃまするわけじゃないんだ」という言い方で訳しています。

Lesson 4

⑮ I'm behind schedule.
てまどっちゃった。

解説 behind は「〜の後ろ」で、**behind schedule** で「スケジュールの後ろ」つまり「予定より遅れている」という意味になります。ここではのび太は、「予定より遅れている」→「てまどっちゃった」というニュアンスで使っています。反対に「予定より早い」は **ahead of schedule**、また「予定通り」は **on schedule** と言います。便利な表現なので、ぜひ覚えておきましょう。

I have to be home in 6 minutes. I'm behind schedule.

「予定通りかどうか」を伝える表現いろいろ

⑯ I'm **behind schedule**.
予定より遅れている。

⑰ I'm **on schedule**.
予定通りだ。

⑱ I'm **ahead of schedule**.
予定より早い。

遅れている

予定通り

早い

Words & Phrases

give it one's all：全力をつくす　guess：推測　make a wish：願いごとをする　overcome：打ち勝つ
open up：(機会などを)開く　keep 〜's word：約束を守る　figure out：理解する　I bet 〜.：きっと〜だ。
I knew it.：思ったとおりだ。　the rest：残り　accomplish：やりとげる　ignore：無視する
temptation：誘惑　perspective：見方

いたわりロボット
The Caring Robot

聞いてみよう

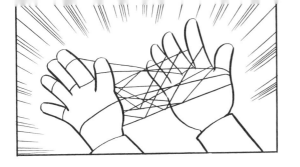

あいにくこの1週間で
わった茶わんが3こめなんだ。

ぶつかった
ときに茶わんが
われてさ、

Droop

Sadly, it was the third teacup I broke this week.
I ran into him and the teacup broke.

どうせぼくなんか……。
この世で最低の男さ。

あれだけいわれるとねえ、
自分で自分のこと
いやになってくるよ。

もう、シッチャカメッチャカ
おこられた。
いろいろいわれちゃったなあ。

I'm just... the worst boy in the world.

Listening to it all made me start to hate myself.

I got in trouble big time. He had a lot to say.

それでなぐさめてる
つもりかよっ。

いくらなんでも、
この世で最低ってことはないでしょ。
下には下があって……。

考え
すぎだよ。

Are you trying to cheer me up?

There's no way you're the worst in the world. There's always someone worse...
Don't think like that.

「いたわりロボット」を
だそう。

しかしあそこまで
しょげてるのを
ほっとくわけにもいかない。

どうもぼくは
口がへたでいけない。

I'll give him the "Caring Robot."
I can't just leave him feeling so down though.

I guess I'm not good with words.

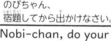
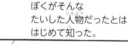

あんなに
あまやかされっぱなしじゃ、
人間がだめになっちゃうぞ。

Being spoiled like that will do you no good.

だれが何といおうと、
のびちゃんのしてることに
まちがいはないのよ。

No matter what they say, you're not doing anything wrong.

気にしないの。

It's okay.

のびちゃんは
しあわせね。

Nobichan, you're happy.

Voom

このままおとなになったら
どうなるか……。

If this continues, what will you grow up to be like?

Let's check on the "Time TV."

「タイムテレビ」で見よう。

こうなっちゃえば、火事やどろぼうの
心配もいらないし、自由に気ままに
生きていけるわけよ。

Now, you won't have to worry about fire or theft, and you can live a carefree life.

未来の
きみのすがた。

It's you in the future.

これが!?

This?!

英語ワンポイントレッスン
いたわりロボット／The Caring Robot

Lesson 1
① I got in trouble big time.
もう、シッチャカメッチャカおこられた。

解説 get in trouble は「トラブルに巻き込まれる」「災難に見舞われる」、big time は「大いに」「とっても」という意味。のび太は、パパに散々しかられたことを「ぼくは大変な災難に見舞われた」と言っています。big time は日常生活でよく使う話し言葉で、たとえば It made me laugh big time.（それ、すっごく笑えた）のように使います。

I got in trouble big time.
He had a lot to say.

こんなふうに使うよ

② I lost the game big time.
ゲームにボロ負けした。

③ It made me laugh big time.
それ、すっごく笑えた。

④ Thanks, I owe you big time.
ありがとう。ほんと恩にきるよ。

Lesson 2
⑤ That's a good one.
うまいこというなあ。

解説「いいこと言うね！」「おもしろいね、それ」と、相手の発言やじょうだんをほめるときの決まり文句です。Good one! とだけ言うこともあります。また、「えらそうにそんなこと言って」「よく言うよ」といった皮肉や嫌味で使うこともあります。どちらの意味で使っているのかは、そのときの状況や言った人の表情で見分けます。

That's a good one.
People who thi(nk) themselves as stro(ng/ng and) brave start wars.

P182の4コマ目 Listening to it all ～ myself.：it はパパの「小言」のこと。all は文の意味を強調する言葉です。英語は「パパの小言をあれだけ徹底的に聞かされると自分がきらいになってくるよ」という意味です。

Lesson 3

⑥ This robot's words sound quite reasonable, right?
このロボットのいうことは、いかにももっともらしく聞こえるだろう。

解説 reasonable は「手ごろな」の他に、「筋の通った」「もっともな」という意味もあります。word（単語）は、words となると「話している言葉」となり、「このロボットの言う言葉はかなりもっともな感じに聞こえるだろ?」という意味になります。また、文末に right をつけ、語尾を上げて言うと、「～だろ?」と確認する言い方になります。

This robot's words sound quite reasonable, right?

価格の度合い

高い ↓ 安い

⑦ **This bag is extravagant.**
このバッグは法外なほど高い。
＊「限度を超えた」という意味。

⑧ **This bag is expensive.**
このバッグは値段が高い。
＊「品質の割に値段が高い」というニュアンスも含みます。

⑨ **This bag is reasonable.**
このバッグは手ごろな値段だ。
＊「その商品の価値に見合った値段（妥当な価格）」という意味。ただ単に「安い」ということではありません。

⑩ **This bag is inexpensive.**
このバッグは安価だ。
＊「品質の割に値段が安い」という意味。

⑪ **This bag is cheap.**
このバッグは安い。
＊「安っぽい」という意味と、値段が「安価」という意味の両方で使います。

Words & Phrases

cheer up：はげます　be good with words：言葉づかいがじょうずだ
easygoing：おおらかな　modest：ささやかな　obsessed with ～：～に夢中である
to the fullest：心ゆくまで　carefree：心配のない　stern：手厳しい　extreme：極端な

P187の3コマ目 You need discipline to grow up.：discipline は「体や心をきたえること」。「軍隊での規律や訓練」という意味で使うこともある、厳しいニュアンスがある言葉です。

各巻 ⑭話収録 すべて新訳

漢字はすべてふりがなつき！小学生から楽しめる！

第1巻

- もしもボックス
- 正直太郎
- この絵 600万円
- ごきげんメーター
- お天気ボックス
- もどりライト
- かがみでコマーシャル
- ミニカー教習所
- あちこちひっこそう
- あの日あの時あのダルマ
- ハッピープロムナード
- 円ピツで大金持ち
- ためしにさようなら
- 45年後……

第2巻

- うそつきかがみ
- タイムふろしき
- 日づけ変更カレンダー
- ソノウソホント
- 流行性ネコシャクシビールス
- くせなおしガス
- グラフはうそつかない
- スピードどけい
- 弟をつくろう
- オーバーオーバー
- ぐうたらの日
- 人生やりなおし機
- アドベン茶で大冒険
- カムカムキャットフード

第3巻

- カンゲキドリンク
- このかぜ うつします
- 出さない手紙の返事をもらう方法
- 宝くじ大当たり
- テスト・ロボット
- 表情コントローラー
- 材質変換機
- 職業テスト腕章
- 時差時計
- 貸し切りチップ
- 夜空がギンギラギン
- 野比家は 30 階
- 「チャンスカメラ」で特ダネ写真を…
- 交通ひょうしきステッカー

第4巻

- グルメテーブルかけ
- ゆめふうりん
- スケジュールどけい
- ボーナス 1024 倍
- ぼくを、ぼくの先生に
- ツチノコ見つけた！
- ナイヘヤドア
- お金なんか大きらい！
- おかしなおかしなかさ
- オキテテヨカッタ
- 平和アンテナ
- ツモリナール
- のび太の息子が家出した
- 厚みぬきとりバリ

第5巻

- 集中力増強シャボンヘルメット
- ドラえもんの大予言
- ミチビキエンゼル
- ダイリガム
- 夜を売ります
- うちのプールは太平洋
- ふみきりセット
- サハラ砂漠で勉強はできない
- ジャイ子の恋人＝のび太
- ぬけ穴ボールペン
- ロビンソンクルーソーセット
- あとはおまかせタッチてぶくろ
- 落としものカムバックスプレー
- 何が何でもお花見を

第6巻

- あやうし！ライオン仮面
- ソーナルじょう
- かがみのない世界
- まんが家ジャイ子先生
- みたままバレーで天才画家
- ききめ一番やくよけシール
- 目は口ほどに物を食べ
- 万能クリーナー
- ふたりっきりでなにしてる？
- 人の身になるタチバガン
- 腹ぺこのつらさを知ってるかい
- 季節カンヅメ
- シャラガム
- いたわりロボット

既刊シリーズも好評発売中！

DORAEMON
①〜⑩巻
てんとう虫コミックス『ドラえもん』の1巻〜31巻からお話をセレクト。日本語と英語で読める！

テーマ別の名作を楽しめる！

DORAEMON セレクション
①〜⑥巻

① 感動する話　② 爆笑する話
③ 恋の話　　　④ しゃれた話
⑤ こわい話　　⑥ ファンタジー

★ドラえもんのイングリッシュコミックスシリーズでは、お話の重複はありません。

新シリーズ 全6巻

イングリッシュコミックス ドラえもんシリーズ

音声つき

シリーズ初！

英語のセリフが無料音声サイトで聞ける！

音声の聞き方

① 各ページの二次元バーコードにアクセス

● お話の音声を聞くには
→ 各タイトルページから

● 英語ワンポイントレッスンの音声を聞くには
→ ページの右上から

← ここ

② 「通して聞く」と「セリフごとに聞く」の2つのモードから選べます

通して聞く
→ まんがを読みながら音声を聞く時などに

セリフごとに聞く
→ セリフを確認したい時などに

2024年11月13日 初版第1刷発行

原作	藤子・F・不二雄
英文解説	カン・アンドリュー・ハシモト

監修	藤子プロ
画	むぎわらしんたろう、イトウソノコ

発行人	北川吉隆
発行所	株式会社 小学館
	〒101-8001 東京都千代田区一ツ橋2-3-1
	電話 03-3230-5544（編集）03-5281-3555（販売）

印刷所	TOPPANクロレ株式会社
製本所	牧製本印刷株式会社

カバーデザイン	タイムマシン（有泉勝一）
ブックデザイン	細山田デザイン事務所（細山田光宣・奥山志乃・橋本葵）
	山崎一平（design301）

録音・編集	株式会社ジェイルハウス・ミュージック（片桐邦枝）
ナレーション	Carolyn Miller、Dario Toda、Eric Jacobsen、
	Howard Colefield、Julia Yermakov、Karen Haedrich、
	Kristy Kada、Rachel Walzer、Rumiko Varnes
英語訳	カン・アンドリュー・ハシモト、Kristy Kada
英語指導	小川直樹、宮下いづみ
英文校閲	Carolyn Miller、Howard Colefield
校正	小学館出版クォリティーセンター、迫上真夕子
協力	日本児童教育振興財団
編集協力	池田さちこ　内山典子、羊菜乃、目黒広志
編集	瀬島明子

©藤子プロ・小学館 2024
Printed in Japan
ISBN978-4-09-227412-9

●本書の一部には、現在では差別を助長するものとされる表現も含まれている場合がありますが、作品の発表当時、作者に差別を容認・助長する意図がなかったこと、また、作者がすでに故人であるため改訂が困難であることから、修正は最小限にとどめました。

●造本には十分注意しておりますが、印刷、製本など製造上の不備がございましたら、「制作局コールセンター」（フリーダイヤル0120-336-340）にご連絡ください。（電話受付は、土・日・祝休日を除く 9時30分～17時30分）

●本書の無断での複写（コピー）、上演、放送等の二次利用、翻案等は、著作権法上の例外を除き禁じられています。

●本書の電子データ化等の無断複製は著作権法上の例外を除き禁じられています。代行業者等の第三者による本書の電子的複製も認められておりません。